LES

USAGES LOCAUX

DE

L'ARRONDISSEMENT DE CORBEIL

PARIS

LIBRAIRIE CENTRALE DE SEINE-ET-OISE

13, RUE DE MÉDICIS, 13

—

1891

LES

USAGES LOCAUX

DE

L'ARRONDISSEMENT DE CORBEIL

LES

USAGES LOCAUX

DE

L'ARRONDISSEMENT DE CORBEIL

PARIS

LIBRAIRIE CENTRALE DE SEINE-ET-OISE

13, RUE DE MÉDICIS, 13

—

1891

USAGES LOCAUX

L'ARRONDISSEMENT DE CORBEIL

§ 1er — Usages suivis dans toutes les communes de l'arrondissement

Plantations d'arbres et d'arbustes. — Distances à observer. — Pour toutes les plantations d'arbres à haute et basse tige, quelle que soit l'essence de ces arbres, on observe les distances indiquées par l'art. 671 du code Napoléon (si ce n'est dans la commune de *Chilly-Mazarin* pour les arbres à haute tige, et dans la commune de *Fleury-Mérogis*, pour les haies vives). — Ainsi, il n'est permis de planter des arbres à haute tige qu'à 2 mètres de la ligne séparative des deux héritages contigus, et des arbres à basse tige et haies vives qu'à 50 centimètres de cette ligne. — Cependant, il est fait exception à cette règle pour les héritages enclos et les jardins séparés par des murs mitoyens ou non; chaque propriétaire voisin a droit de planter, jusqu'au pied du mur, des arbres espaliers ou autres, pourvu que leur sommet ne dépasse pas la hauteur du mur, sans, bien entendu, que celui qui n'a pas la propriété privative ou la mitoyenneté de ce mur puisse palisser ou appuyer dessus. — Quant aux arbres destinés à acquérir une plus grande élévation, ils doivent être placés à deux mètres de la ligne séparative.

Mode de culture. — La culture triennale ou par asso-

lements est généralement abandonnée pour les grandes
comme pour les petites exploitàtions. — On fait produire
la terre tous les ans, en alternant toutefois, la nature des
emblavements, et sauf ce qui se pratique à cet égard, à
l'expiration des baux à ferme, ainsi qu'il sera expliqué
ci-après.

Locations verbales des terres. — Les pièces de terre
non réunies en corps de ferme ne se cultivant pas générale-
lement *par soles*, mais ainsi qu'on dit dans les campagnes,
à l'écorché, leurs locations sont censées faites pour une
année, qui commence au 11 novembre et expire, de plein
droit, à pareil jour, sans qu'il soit besoin de donner réciproquement congé (art. 1774 et 1775 du code Napoléon).
— Si le propriétaire laisse le locataire continuer sa jouissance après le 11 novembre, il s'opère une tacite recon-
duction, et la location est renouvelée pour une autre année.
— Quant aux terres dépendant d'un corps de ferme, leur
location fait toujours l'objet d'un bail écrit, dans lequel
sont stipulées toutes les conditions de durée et de mode de
jouissance. — Les fermages se paient généralement aux
époques de Noël, Pâques et Saint-Jean, qui suivent chaque
récolte.

Fermiers entrants et sortants. — *Entrée en jouissance de tout ou partie de l'habitation personnelle par le
fermier entrant.* — Le fermier entre dans la ferme
le lendemain de Pâques pour prendre possession des terres
en jachères. — Dans quelques baux, cettte entrée en jouissance est fixée au 15 avril. — Le fermier entrant a droit
à une chambre à cheminée pour faire la cuisine de ses
domestiques et à une chambre à coucher pour lui ; le logement de la ferme se partage, selon la disposition des lieux
et de manière à établir le moins possible de communauté
entre les deux occupants. — Le fermier sortant garde le
principal logement jusqu'à Pâques de l'année suivante : à

cette époque il est obligé de le céder à son successeur et de reprendre le petit local qu'occupait celui-ci. Il conserve tous les greniers à grain jusqu'à la Saint-Jean, 24 juin, jour auquel il doit définitivement quitter la ferme.

Entrée et logement des animaux dans la ferme. — Le fermier entrant arrive le lendemain de Pâques avec les chevaux nécessaires à la préparation des terres pour la saison prochaine; il lui est dû une écurie suffisante pour les loger, un grenier pour y placer l'avoine et un autre pour le foin nécessaire à leur nourriture. Tous les autres bâtiments, granges, greniers à grain, greniers à fourrages, restent jusqu'à la Saint-Jean, les autres écuries, les étables, hangars, etc., restent jusqu'à Pâques suivant, à la disposition du fermier sortant, qui doit tenir la ferme garnie de bestiaux jusqu'à cette dernière époque, afin de faire consommer les produits qui lui restent de la récolte précédente, ainsi que ceux de la récolte qu'il a encore à faire.

Emploi des pailles, fumiers, fourrages, etc. — Dans la plupart des baux anciens, il est stipulé que le fermier ne pourra vendre ni pailles ni fourrages, et que tout devra être consommé dans la ferme et converti en fumiers : nonobstant cette clause, qui depuis longues années est considérée comme illusoire, l'usage a établi que tous les cultivateurs ont la faculté de vendre des pailles et fourrages pendant le cours de leur bail, si ce n'est, pourtant les deux dernières années. — Ces deux dernières années, cette vente est complètement interdite : toutes les pailles doivent être consommées à la ferme par les bestiaux que le fermier sortant est obligé d'y entretenir. Quant aux menues pailles, qui s'ensachent, il peut les emporter. — Les fumiers, à partir du 11 novembre qui précède l'entrée en possession du nouveau fermier, doivent aussi rester à la ferme pour être employés par celui-ci à fumer la sole des jachères : les pailles, si elles sont trop abondantes pour la consommation des bestiaux, doivent également y rester et être rangées, de même que les fumiers, par le fermier sortant, comme s'il devait continuer l'exploitation.

Parcage et pâturage des moutons. — Le fermier sortant doit entretenir dans la ferme un troupeau proportionné à l'étendue de sa culture : il fait parquer ce troupeau sur les terres de la ferme en temps et saisons convenables ; mais, quand une clause du bail ne l'oblige pas à faire ce parcage gratuitement, il est d'habitude qu'il reçoit une indemnité fixée ordinairement à tant par hectare, et suivant que le parcage a été plus ou moins fort. — Le fermier sortant a le droit de faire pâturer son troupeau sur toutes les terres de la ferme non ensemencées, jusqu'à Pâques de sa dernière année de jouissance.

Mode de culture facultatif. — Bien que les anciens baux disent généralement que le fermier devra cultiver par sole et saison, il est d'usage, adopté depuis longtemps, que les fermiers cultivent pendant le cours du bail comme bon leur semble, sans suivre rigoureusement le vieil assolement triennal, avec jachères, pourvu, toutefois, que dans les trois dernières années, ils partagent leurs cultures par tiers, afin de remettre à leur successeur, à son entrée en possession, un tiers des terres en jachères, un tiers en blé, un tiers en avoine, à moins, bien entendu, de conventions particulières qui leur permettent de déroger à cet usage ancien.

Délivrance des terres au fermier entrant. — A son entrée à Pâques, ou au 15 avril, le fermier entrant prend la jouissance des champs en jachères, pour les façonner et les préparer à recevoir un ensemencement en blé d'hiver. — Au 11 novembre suivant, il est mis en possession du tiers qui a été récolté en blé, afin de le labourer pour l'ensemencer en avoine ou autre grain de mars. — Et ce n'est qu'à Pâques suivant qu'il a la disposition du dernier tiers des terres, dans lequel avait été récoltée de l'avoine, attendu

que le fermier sortant a le droit de faire pâturer ses moutons sur ces terres jusqu'à cette dernière époque, qui est
celle fixée pour retirer ses bestiaux de la ferme.

Entrée en possession du jardin potager. — Le jardin
potager est livré au fermier entrant au 11 novembre qui
suit la dernière récolte, alors que tous les fruits et légumes
doivent être enlevés.

*Elagage des arbres, tonte des haies, droits du fermier
aux émondes et aux bois des arbres morts.* — L'élagage
des arbres a lieu, suivant leur essence, tous les trois ou six
ans. — Le fermier profite des émondes, à moins de conditions particulières. — Les haies doivent se tondre tous les
ans. — Le fermier sortant doit faire le dernier élagage
l'hiver qui précède sa dernière récolte, si, à cette époque,
les pousses ont atteint l'âge auquel elles doivent être cou-
pées. — C'est au fermier qu'appartiennent les corps d'arbres morts, à la charge par lui de les remplacer par de
jeunes arbres de même espèce et de bonne qualité.

Jouissance des bois. — Les bois, lorsqu'il s'en trouve
joints aux fermes, ce qui est rare, sont ordinairement aménagés, et le fermier est obligé de suivre cet aménagement
sans pouvoir s'en écarter.

Curage des fossés et rigoles. — Les fossés d'écoulement
et rigoles doivent être curés tous les trois ans. — Il faut
que le fermier sortant justifie que ce curage a été opéré, et
qu'il laisse à sa sortie toutes ces voies d'écoulement en bon
état.

Pigeons, volailles. — Les pigeons, poules et autres volailles appartiennent au fermier sortant ; celui-ci n'est
nullement tenu d'en laisser lorsqu'il quitte la ferme, à moins
de condition expresse.

Locations de maisons et portions de maisons. — *Délai*

pour les déménagements. — Ainsi qu'on le verra ci-après dans le paragraphe concernant chaque canton, les usages varient pour la durée de la location verbale et les délais à observer pour donner congé; mais que le bail soit écrit ou non, il est accordé au locataire sortant un délai de huit jours pour déménager, faire les réparations locatives et remettre les clefs, excepté dans le seul canton de *Long-jumeau,* où les lieux loués doivent être rendus le jour même de l'expiration de la location.

Domestiques. — Gens de service à gages. — Les domestiques pour le service de la maison ou de la personne sont ordinairement engagés au mois. — Le maître et le domestique ont respectivement le droit de faire cesser l'engagement en avertissant de leur intention huit jours à l'avance, ou en tenant compte d'une indemnité équivalente à huit jours de gages, à moins de circonstances majeures, d'inconduite, ou autres motifs légitimes. — Quant aux serviteurs attachés à la culture, le louage s'en fait habituellement à deux époques de l'année, la Saint-Jean (24 juin) et la Saint-Martin (11 novembre). — Le maître et le domestique sont réciproquement engagés pour tout le temps qui s'écoule de l'une à l'autre de ces époques. — Néanmoins, dans les cantons d'*Arpajon, Boissy-Saint-Léger* et *Long-jumeau,* chacune des parties a la faculté de résilier l'engagement, en avertissant l'autre huit jours à l'avance.

Glanage, Grapillage. — Le glanage, après l'enlèvement de la moisson, le grapillage après la vendange, sont usités dans tout l'arrondissement et réglementés par des arrêtés préfectoraux du 10 juillet 1819 et années suivantes.

Outre les usages locaux ci-dessus énoncés, généralement suivis dans tout l'arrondissement, il en est, dans les quatre cantons de cet arrondissement, qui sont communs à chacun d'eux, et d'autres qui sont particuliers à chaque commune.

§ 2 — Usages communs à chaque canton

CANTON DE CORBEIL

Haies vives. — Les haies vives formant clôture entre deux héritages se plantent à distance de 50 centimètres de la ligne séparative, ainsi que le prescrit l'art. 671 du Code Napoléon, et quelle que soit l'essence des arbustes qui les composent. — La haie qui touche sans intervalle l'héritage voisin, est réputée mitoyenne. — La hauteur des haies est de 1 mètre à 1 m. 50 ; elles ne peuvent excéder cette dernière hauteur, et doivent y être maintenues par des tailles annuelles.

Vignes, Plantations, Distance. — Dans les terroirs vignobles, la distance de 50 centimètres entre les derniers ceps d'une planche et la ligne séparative d'avec la pièce contiguë n'est pas observée : il est d'usage général de laisser simplement entre les deux pièces un sentier de 50 centimètres, dont l'axe forme la ligne de séparation. Les terres de ce sentier sont ordinairement relevées tous les ans alternativement par chaque voisin, qui les rejette alors de son côté.

Locations verbales, Congés. — Dans toutes les communes du canton, excepté celles de *Corbeil*, d'*Essonnes*, *Soisy-sous-Eliolles*, les locations verbales de maisons ou de portions de maisons, avec ou sans jardin, sont présumées faites à l'année, commençant le 11 novembre et finissant à pareil jour de l'année suivante, que les loyers soient stipulés payables annuellement ou par termes. — Ces locations ne cessent cependant que par le fait d'un congé. — Le congé doit être notifié par le propriétaire ou le locataire six mois francs avant l'expiration de l'année, c'est-à-dire au plus tard le 10 mai.

Ban de vendange. — On ne publie pas de ban de vendange; chaque propriétaire ou vigneron fait sa récolte de vigne quand il lui convient. — Mais elle cesse d'être surveillée contre le grappillage lorsque les gardes-messiers ont cessé leurs fonctions.

Bois. — *Servitudes.* — Dans les communes du *canton de Corbeil* où il existe des bois appartenant à des particuliers, les coupes de bois ont lieu généralement tous les neuf, douze et quinze ans; quelquefois même, l'époque de ces coupes est étendue à dix-huit et vingt ans; mais l'on peut dire qu'il n'existe pas, à l'égard de ces coupes, d'époques parfaitement uniformes. — Les communes d'*Etiolles*, de *Soisy-sous-Etiolles* et de *Tigery*, comprennent des superficies assez étendues de bois taillis et de haute futaie, et, dans la majeure partie de ces bois, qui dépendent de la forêt de Sénart et appartiennent à l'État, les coupes s'opèrent à vingt-cinq, vingt-huit et trente ans.

Les bois du canton ne sont pas, du reste, assujettis aux servitudes de pâturage, parcage ou glandée. — Dans quelques localités, des permissions sont données aux familles indigentes pour aller, à certains jours fixés, ramasser le bois mort; mais ce n'est qu'un acte de simple tolérance de la part des propriétaires.

CANTON D'ARPAJON

Locations verbales. — *Congés.* — Les locations verbales, soit de boutiques, maisons entières, avec ou sans jardin, soit de portions de maisons, appartements ou chambres, sont toutes présumées faites à l'année et commencer au 11 novembre. — Les granges, caves, celliers loués séparément, sont censés loués pour un an, du 24 juin au 24 juin. — Pour les jardins seuls, les locations commencent en général au 1er janvier et finissent à pareil jour. — Les loyers sont payés en un seul terme, à l'expiration de l'année. — Lorsqu'il s'agit d'une maison entière avec ou sans jardin, d'une boutique, quel que soit le prix de la location, le congé doit être donné six mois avant le 11 novembre, c'est-à-dire le 10 mai au plus tard. — Pour les portions de maisons, appartements ou chambres d'un loyer supérieur à 60 francs, le congé doit être donné trois mois à l'avance, c'est-à-dire le 10 août au plus tard. — Si le loyer est inférieur à 60 francs, le délai pour le congé est de six semaines avant l'expiration de l'année. — (Il y a exception pour *Linas* seulement, où les congés peuvent être notifiés trois mois d'avance, lorsqu'il s'agit d'une location au-dessous de 40 francs et six mois d'avance, pour les locations supérieures à 40 francs de loyer annuel). — Pour les granges, greniers, celliers et autres locaux de ce genre, le délai à observer pour donner congé est de six semaines avant la Saint-Jean, 24 juin. — Les locataires de boutiques ont quinze jours après le 11 novembre pour déménager, faire les réparations locatives et remettre les clés. — Ceux des maisons et portions de maisons n'ont que huit jours. — Les locations en garni ne sont pas usitées dans le canton.

Vaine pâture. — Toutes les communes du *canton d'Arpajon*, à l'exception seulement de *Bréligny*, *Montlhéry*, et *Vert-le-Petit*, jouissent de la servitude de vaine pâture, après l'enlèvement des récoltes; dans certaines localités, la vaine pâture ne s'exerce que sur les prairies naturelles exclusivement; dans d'autres, elle s'étend sur les terres labourables, et elle est même tolérée dans quelques-unes sur les prairies artificielles, ainsi qu'on le verra ci-après, à l'article concernant chacune de ces communes.

Ban de vendange. — L'ouverture des vendanges est annoncée par un ban dans toutes les communes du canton; sauf celles d'*Avrainville*, *Bruyères-le-Châtel*, *Leudeville*, *Linas*, et *Saint-Michel-sur-Orge*.

CANTON DE BOISSY-SAINT-LÉGER

Bois. — Dans la forêt de Sénart, les coupes sont soumises

à un aménagement réglé par l'administration. — Pour les coupes de bois particuliers, il y a trois âges généralement adoptés : — neuf à dix ans pour les bois blancs, bouleaux et châtaigniers ; — dix-huit ans pour les bois durs servant au chauffage ; — et soixante ans pour les hautes futaies.

Émondage. — On élague, en moyenne, tous les quatre ans, les ormes et autres arbres.

Haies. — La hauteur des haies vives formant clôture, varie de 1 m. à 1 m. 50 au plus. On adopte le plus ordinairement la hauteur moyenne de 1 m. 25.

Locations verbales. — Les locations sans écrit de maisons entières et portions de maisons, avec ou sans jardin, sont généralement d'une année; elles commencent et finissent au 11 novembre, sauf conditions contraires. Dans le plus grand nombre des communes du canton, le délai pour les congés est, quelle que soit l'importance du loyer, de six mois, s'il s'agit de location d'une maison entière ou d'un rez-de-chaussée avec boutique, et de trois mois seulement, s'il s'agit d'un rez-de-chaussée sans boutique, d'un appartement ou d'une chambre. Les exceptions que rencontre cette fixation de délai seront ci-après indiquées pour les six communes qui ont, à cet égard, leurs usages particuliers. Pour les biens ruraux on se conforme aux dispositions des articles 1774 et 1775 du Code Napoléon. — Les loyers se paient par trimestre pour les propriétés bâties, et par année pour les terres de peu d'importance.

Location en garni. — On n'est pas en usage, dans le canton, de louer des appartements meublés sans écrit. — Ces locations sont généralement régies par des conventions particulières. — On loue le plus souvent pour la saison d'été, c'est-à-dire du 1er avril au 1er novembre.

Vaine pâture. — La vaine pâture n'est pas en usage

dans les communes autres que *Brunoy*, *Limeil-Bré-vannes*, *Périgny*, *Santeny* et *Yerres*.

Ban de vendange. — On ne publie nulle part de ban de vendange. Chacun fait la récolte de ses vignes à l'époque qui lui convient.

CANTON DE LONGJUMEAU

Locations verbales, congés. — Les locations faites sans écrit sont annales ; elles commencent au 11 novembre pour la plupart, quelques-unes au 11 mai, et finissent à pareilles époques de l'année suivante. — Les congés doivent être signifiés six mois avant l'expiration de l'année, s'il s'agit de location au-dessus de 100 francs de loyer annuel, et trois mois avant la même échéance, s'il s'agit de locations de 100 francs ou au-dessous. — Il n'est point accordé de délai de grâce pour le déménagement. Les locations en garni ne sont pas en usage dans le *canton de Longjumeau.*

Ban de vendange. — La coutume du ban de vendange s'est conservée dans toutes communes de ce canton, où l'on cultive la vigne.

§ 3 — Usages particuliers à chaque commune

CANTON DE CORBEIL

CORBEIL.

Locations verbales. — Une délibération du conseil municipal de cette ville constate, comme étant de notoriété publique et d'un usage généralement suivi :

1° Que le terme de la location verbale est fixé, quant aux propriétés bâties, par l'entrée en jouissance ; — ainsi, on n'admet pas, comme dans certaines localités, la préfixion du terme ; — une maison entière, une boutique ou atelier, quelle que soit l'importance du loyer, sont présumées louées pour une année ; — un appartement d'un loyer au-dessus de 100 francs par an, est présumé loué pour six mois ; — le logement dont le loyer annuel n'est que de 100 francs ou au-dessous, est présumé loué pour trois mois, le tout, encore bien que le loyer soit payable en un ou plusieurs termes ; — toutefois, la location verbale ne cesse que par le fait d'un congé.

2° Que le congé doit être notifié par le propriétaire ou le locataire six mois avant l'expiration de l'année, s'il s'agit d'une maison, boutique ou atelier ; trois mois avant l'expiration du semestre courant, s'il s'agit d'une location supérieure à 100 francs, et six semaines avant l'expiration du trimestre, s'il s'agit d'une location de 100 francs et au-dessous.

A l'égard des jardins et des héritages ruraux, la location est annale et cesse de plein droit au 11 novembre. — La circonstance qu'un jardin dépend de l'habitation ne modifie pas le terme du congé, sauf indemnité, à dire d'expert, au profit du locataire qui quitterait les lieux sans avoir entièrement recueilli le produit des semences faites de bonne foi, en ayant, toutefois, égard à l'état où se trouvait le jardin à l'époque de l'entrée en jouissance du locataire.

Les locations d'appartements et logements garnis sont censées faites au mois; ces locations cessent en prévenant, de part et d'autre, quinze jours à l'avance.

Il se fait encore fréquemmment des locations verbales de logements non garnis, au mois, pour les ouvriers ; la notification de la sortie doit avoir lieu quinze jours d'avance.

ESSONNES.

Les usages relatifs aux locations verbales dans cette commune sont à peu près les mêmes qu'à Corbeil. Ils sont, d'ailleurs, consacrés par deux délibérations du conseil municipal, du 6 janvier 1838 et du 19 août 1842.

RIS-ORANGIS.

Les usages suivis dans la commune pour les locations verbales et pour les congés, sont constatés dans une délibération du Conseil municipal du 18 mai 1851, et sont établis comme il suit :

Sont réputés loués à l'année : 1° toute maison entière, sans jardin (la location commence et finit, soit au 11 mai, soit au 11 novembre) ; — 2° toute maison et tout logement avec jardin ou terrain cultivé, y attenant ou non (la location commence au 11 novembre) ; — 3° toute boutique sur rue, tout appartement, tout logement au rez-de-chaussée, sans jardin ni terrain cultivé, donnant sur rue, (la location commence et finit, soit au 11 février, au 11 mai, au 11 août ou au 11 novembre). — Pour toutes ces locations, les congés doivent être donnés par le propriétaire ou par le locataire, six mois avant l'expiration de l'année où l'un ou l'autre veut faire cesser la location.

Sont présumés loués pour trois mois : — 1° tout appartement, tout logement autre que ceux sus-désignés ; toute chambre, tout cabinet, grenier, hangar, cellier, cave, écurie, remise ou tous autres locaux isolés, sans jardin ni terrain cultivé ; — 2° tout terrain isolé non cultivé. — Ces locations commencent et finissent au 11 février, 11 mai, 11 août ou 11 novembre. — Les congés doivent être signifiés six semaines avant l'expiration des trois mois courants. — Les termes sus-indiqués pour les congés sont toujours les mêmes, quelle que soit l'époque de l'entrée du locataire dans les lieux.

SOISY-SOUS-ÉTIOLLES.

Pour les locations sans écrit, les usages sont, à peu de chose près, ceux qui sont suivis à Corbeil, et sont aussi

recueillis dans une délibération du Conseil municipal du 6 novembre 1853.

BALLANCOURT.

Vaine pâture. — Le territoire de Ballancourt est, de fait, assujetti à l'exercice de la vaine pâture.

CHAMPCUEIL.

L'exercice de la vaine pâture paraît avoir lieu dans cette commune et remonter à un temps reculé; il n'est cependant réglementé par aucun arrêté.

CHEVANNES.

La vaine pâture y est tolérée entre petits cultivateurs, elle s'exerce peu.

LE COUDRAY-MONTCEAUX.

Le Coudray et Montceaux formaient, il y a peu d'années, deux communes distinctes, dans lesquelles la servitude de vaine pâture paraît avoir été depuis longtemps pratiquée. — L'exercice de ce droit a fait l'objet d'un règlement arrêté dans une délibération du Conseil municipal, du 25 septembre 1851, postérieurement à la réunion des deux communes. — Aux termes de ce règlement, le nombre de têtes de bétail que peut envoyer à la vaine pâture chaque propriétaire ou fermier, est fixé à 1 tête 1/2 de bêtes à laine pour 42 ares 21 centiares ; et il est interdit aux troupeaux de Montceaux, de venir pâturer sur les chemins, terres et rivages de la Seine qui dépendaient de l'ancien territoire du Coudray.

ESSONNES.

La vaine pâture n'est tolérée que sur quelques parties du territoire et seulement entre petits cultivateurs.

ÉTIOLLES.

Les terres de la commune sont assujetties à l'exercice de la vaine pâture, qui paraît y avoir été pratiquée dès avant 1791. Il est, au surplus, réglementé par un arrêté municipal du 17 février 1809, qui fixe à une tête et demie la quantité de bêtes à laine que les propriétaires et fermiers exploitants, domiciliés ou forains, ont le droit de conduire au vain pâturage, par chaque 42ª, 21.

MORSANG-SUR-SEINE.

La vaine pâture se pratique, depuis longtemps, sur les friches, les jachères, et sur les prairies naturelles, après qu'elles sont dépouillées de leur première herbe. — Ce droit a été reconnu par des délibérations du Conseil municipal.

ORMOY.

La vaine pâture est tolérée sur une faible partie de son territoire, la majeure partie étant entrecoupée de vignes.

SAINT-PIERRE-DU-PERRAY.

Le territoire est assujetti de fait à la servitude de la vaine pâture, dont l'exercice a été réglé par un arrêté municipal du 7 février 1808, qui fixe à deux têtes par hectare le nombre de bêtes à laine que tout propriétaire ou exploitant peut envoyer sur les champs soumis à cette servitude.

SAINTRY.

Les habitants et exploitants non domiciliés, jouissent de fait du droit de vain pâturage, tant sur les jachères que sur les prés naturels, après l'enlèvement de la première herbe jusqu'au 1ᵉʳ mars. Le nombre des bêtes à laine qu'il est permis à chacun d'y envoyer est fixé, par arrêté municipal du 11 novembre 1832, à une tête de bétail par 84ᵃ, 42 exploités.

VILLABÉ.

L'exercice de la vaine pâture a lieu, par tolérance, entre petits cultivateurs. — Sur les terres qui dépendent d'exploitations importantes, il n'est pas souffert ; chaque fermier fait paître ses moutons sur ses propres champs.

CANTON D'ARPAJON

AVRAINVILLE.

Bois. — Les bois taillis se coupent à 9 ans sans distinction d'essence.

BRETIGNY ET BRUYÈRES-LE-CHATEL.

Les coupes de bois taillis se font à l'âge de 12 à 14 ans ; celle du châtaigner à 8 ans. — L'émondage des arbres a lieu deux fois dans la durée d'un bail de 9 ans.

CHEPTAINVILLE.

La coupe des bois taillis se fait de 9 à 12 ans, et l'émondage des arbres deux fois pendant la durée d'un bail de 9 ans.

EGLY.

Les arbres sont émondés ordinairement tous les 5 ans.

LEUDEVILLE.

Les bois taillis sont coupés à 9 ou 10 ans, au plus tôt ; ceux qui sont aménagés ne se coupent que tous les 20 ans. Aucune époque n'est fixée pour l'émondage des arbres ; toutefois, il n'a jamais lieu qu'après la cinquième feuille.

LEUVILLE.

On coupe les bois taillis à 12 ans, et les châtaigniers de 9 à 10 ans. — L'émondage des arbres n'a lieu que tous les 9 ans.

LINAS.

Les bois taillis se coupent à 14 ou 15 ans, l'émondage des arbres se fait tous les 4 ans.

MAROLLES.

On coupe ordinairement les bois taillis à 6 ou 10 ans, et on fait l'émondage des arbres tous les 9 ans.

MONTLHÉRY.

C'est à l'âge de 10 à 12 ans que se coupent généralement les bois taillis. — Les émondages d'arbres n'ont lieu que tous les 9 ans.

LA NORVILLE.

On fait la coupe des bois taillis à 12 ans, et l'émondage des arbres à 5 ans.

OLLAINVILLE.

Les bois taillis se coupent à l'âge de 10 à 12 ans. — Les arbres s'émondent tous les 6 ans.

SAINT-GERMAIN-LÈS-ARPAJON.

Les bois sont ordinairement coupés à 12 ou 15 ans. — Les arbres sont émondés tous les 3 ans.

*

SAINT-MICHEL-SUR-ORGE.

Les bois taillis se coupent à 10 ans, aucun âge n'est fixé pour l'émondage des arbres.

SAINT-VRAIN.

Les bois taillis, sans distinction d'essence, se coupent à 9 ans. — L'émondage des saules a lieu tous les 5 ans, celui des peupliers tous les 6 ans.

VERT-LE-GRAND.

On coupe les bois taillis de 9 à 14 ans, et on fait l'émondage des arbres tous les 6 ou 7 ans.

VERT-LE-PETIT.

C'est à l'âge de 9 ans que se fait ordinairement la coupe des bois taillis, sans distinction d'essence. — Les arbres sont émondés tous les 6 ans.

Haies vives. — La hauteur des haies vives entre les héritages est de :

1 mètre à *Arpajon*, à *Avrainville*, à *Bréligny*, à *Cheptainville*, à *Egly* et à *Vert-le-Grand.*

1m 30 à *Bruyères-le-Châtel* et à *Saint-Vrain*;

1m 33 à *Marolles-lès-Arpajon* ;

1m 50 à *La Norville*, à *Ollainville* et à *Vert-le-Petit*;

1m 60 à *Saint-Germain-lès-Arpajon.*

AVRAINVILLE.

Parcours et vaine pâture. — La vaine pâture a lieu après le 11 novembre sur les prairies naturelles.

BRUYÈRES-LE-CHATEL, EGLY ET OLLAINVILLE.

Ces trois communes, soit par tolérance, soit en vertu de

conventions tacites exercent réciproquement le parcours et font paître leurs troupeaux sur les prairies naturelles de leurs territoires. — A *Bruyères-le-Châtel*, la vaine pâture a lieu sur les prairies naturelles, seulement après le 11 novembre, à *Egly*, elle s'exerce après l'enlèvement des récoltes, — et à *Ollainville,* elle est en usagé sur toutes les terres de la commune.

LEUVILLE, LINAS ET SAINT-GERMAIN-LÈS-ARPAJON.

Le vain pâturage qu'exercent les habitants et exploitants de ces trois communes s'étend même par tolérance sur les prairies artificielles, après la troisième coupe.

SAINT-MICHEL-SUR-ORGE.

On exerce la vaine pâture seulement sur les prairies naturelles.

SAINT-VRAIN.

La vaine pâture est en usage et a lieu, même sur les prairies artificielles, du 11 novembre au 1er mars.

CANTON DE BOISSY-SAINT-LÉGER

BOISSY-SAINT-LÉGER, BRUNOY, SANTENY.

Locations verbales. — Congés. — Dans ces trois communes, le congé est donné trois mois avant l'expiration de l'année, si le loyer est de 50 francs, ou s'il est inférieur à cette somme ; mais si le loyer est supérieur à 50 francs, il faut observer, pour le congé, un délai de six mois.

CHENNEVIÈRES-SUR-MARNE.

Pour toute location, quelle que soit l'importance du

loyer, le congé est valablement donné trois mois avant l'expiration de l'année.

LA QUEUE-EN-BRIE.

Les congés doivent être signifiés six mois avant l'expiration de l'année pour les maisons entières ou rez-de-chaussée, avec ou sans boutique, et trois mois à l'avance pour un appartement ou une chambre.

LIMEIL-BRÉVANNES.

Pour les congés, le délai exigé est de trois mois avant l'expiration de l'année, si le loyer annuel est de 60 francs ou au-dessous, et de six mois, s'il est supérieur à cette somme.

BRUNOY, LIMEIL, BRÉVANNES, PÉRIGNY, SANTENY ET YERRES.

Vaine pâture. — Le territoire de ces cinq communes est soumis à la servitude de la vaine pâture, qui s'exerce tant sur les terres labourables dépouillées de leurs récoltes que sur les prairies naturelles, après l'enlèvement de la première herbe ou de la deuxième seulement si ces prairies peuvent donner un regain. Un règlement détermine le nombre de bestiaux que chaque habitant ou exploitant a le droit d'y envoyer; ce nombre, fixé en proportion de la contenance des terres qu'il fait valoir, est de 1 tête 1/2 de bêtes à laine pour 42 ares 21.

CANTON DE LONGJUMEAU

ATHIS-MONS.

Bois. — L'élagage des arbres se fait ordinairement tous les trois ans pour les peupliers et les saules et tous les six ans pour les ormes.

CHAMPLAN.

La coupe des bois taillis se fait tous les neuf ans. L'émondage des arbres, par le fermier, tous les quatre ans.

CHILLY-MAZARIN.

Les bois se coupent à neuf et douze ans. Les arbres à haute tige doivent être plantés à 3 mètres de l'héritage voisin.

GRIGNY.

La coupe des bois se fait tous les douze ou quinze ans. Les indigents de la commune sont en possession de l'usage de ramasser les branches mortes du 12 novembre au 2 décembre et de couper les herbes du 15 juin au 10 août et du 26 décembre au 20 janvier. Les arbres sont ordinairement émondés tous les neuf ans.

JUVISY-SUR-ORGE.

On y émonde également les arbres, sans distinction d'essence, tous les neuf ans.

MASSY.

On coupe communément les bois tous les dix ans.

MORSANG-SUR-ORGE.

Les bois taillis se coupent à douze ou quinze ans. Les habitants peu aisés sont en possession de l'usage de ramasser les bois morts du 12 novembre au 2 décembre.

SAINTE-GENEVIÈVE-DES-BOIS.

On fait la coupe des bois taillis à l'âge de douze ou quinze ans.

SAULX-LES-CHARTREUX.

Les bois sont communément coupés de huit à douze ans. L'émondage des arbres a lieu tous les trois ans.

VILLEMOISSON.

Les habitants pauvres jouissent de l'usage d'enlever les bois morts du 12 novembre au 2 décembre, et du 26 décembre au 20 janvier ; — ils ont aussi la permission de couper l'herbe aux mêmes époques et encore du 15 juin au 15 août.

VIRY-CHATILLON.

Mêmes usages pendant la saison d'hiver.

WISSOUS.

L'émondage des arbres a lieu deux fois durant un bail de neuf ans.

ABLON, ÉPINAY-SUR-ORGE, SAVIGNY-SUR-ORGE.

Haies. — Dans ces trois communes, les haies vives sont maintenues à une hauteur de 1^m, 25.

CHILLY-MAZARIN, LONGPONT, VILLIERS-SUR-ORGE.

Dans ces trois autres communes, les haies sont élaguées à 1^m, 50.

FLEURY-MÉROGIS.

Pour la plantation des haies vives, on laisse une distance de 1 mètre entre le pied de la haie et l'héritage voisin. Elles sont élaguées à la hauteur de 1^m, 50.

PARAY.

Les haies doivent être élaguées tous les trois ans.

VIRY-CHATILLON.

On élague les haies tous les ans, et elles doivent être maintenues à 1^m, 50 de hauteur.

BALLAINVILLIERS.

Parcours et vaine pâture. — La vaine pâture s'exerce dans cette commune sur les champs dépouillés de leur récolte.

CHAMPLAN.

L'exercice de la vaine pâture était toléré dans cette commune sur les terres vidées de leurs récoltes et sur les prairies artificielles, après leur dernière coupe, jusqu'au 25 mars, mais on use de moins en moins de cette servitude, qui tend à disparaître complètement.

CHILLY-MAZARIN.

La servitude de vaine pâture s'exerce sur le territoire de la commune et y est réglementée par un arrêté du conseil municipal.

JUVISY-SUR-ORGE.

Les habitants usent de la servitude de la vaine pâture depuis le 11 novembre jusqu'au 25 mars.

LONGJUMEAU.

La vaine pâture, qui s'exerce sur les prairies naturelles, est réglementé par un arrêté municipal du 5 avril 1831.

LONGPONT.

Cette servitude s'exerce sur les prairies naturelles ; elle n'est pas réglementée.

SAINTE-GENEVIÈVE-DES-BOIS.

Les habitants et exploitants jouissent de la servitude de vaine pâture. Le droit de chacun, proportionné à l'étendue de ses terres, est d'y mener 3 moutons par hectare qu'il cultive.

SAULX-LES-CHARTREUX.

La vaine pâture se pratique sur une partie seulement du territoire, dite la prairie, depuis l'enlèvement des récoltes jusqu'au 25 décembre ; mais cet usage tend à disparaître.

VILLIERS-SUR-ORGE.

On exerce la vaine pâture depuis l'enlèvement de la récolte jusqu'au 1er mars sur les prairies naturelles.

VIRY-CHATILLON ET WISSOUS.

La servitude de vaine pâture se pratique sur le territoire de ces communes après l'enlèvement des récoltes.

(Extrait du travail arrêté, le 10 février 1863, par la Commission de MM. les juges de paix de l'arrondissement de Corbeil, présidée par M. le Sous-Préfet.)

VERSAILLES, IMPRIMERIE CERF ET FILS, 59, RUE DUPLESSIS.

LIBRAIRIE LÉOPOLD CERF

13, RUE DE MÉDICIS, PARIS

G. Benoist. *La Politique de Charles V*, in-18, 3 fr. 50.

A. Carrière. *Moïse de Khoren* et les *Généalogies patriarcales*, 5 fr.

L'Abbé H.-R. Casgrin. *Un Pèlerinage au Pays d'Évangéline* (cour. par l'Académie française), in-18, 3 fr. 50.

A. Chuquet. Les Guerres de la Révolution. (Cette publication a obtenu le Prix Audiffred à l'Académie des Sciences morales et politiques, et le Grand Prix Gobert à l'Académie française.)

— *La Première Invasion prussienne*, in-18, 3 fr. 50.

— *Valmy*, in-18, 3 fr. 50.

— *La Retraite de Brunswick*, in-18, 3 fr. 50.

— *L'Expédition de Custine*, in-18, 3 fr. 50.

A. Chuquet. — *Le Général Chanzy*, in-18, 3 fr. 50.

A. Darmesteter. *Reliques scientifiques*, avec introduction de J. DARMESTETER. 2 vol. in-8°, 40 fr.

— *Le Talmud*, in-8°, 1 fr. 50.

Derenbourg. *Les Monuments Sabéens et Himyarites de la Bibliothèque Nationale*, 5 fr.

Raoul Frary. *La Question du Latin*, in-18, 3 fr. 50.

— *Le Péril National* (cour. par l'Académie française), in-18, 3 fr. 50.

— *Manuel du Démagogue*, in-18, 3 fr. 50.

Ganneron. *L'Amiral Courbet* (cour. par l'Acad. franç.), in-18, 3 fr. 50

Nicolas de Gradowsky. *La Situation légale des Israélites en Russie.* Tome premier. (Du règne du Czar Alexis Michaïlovitch au règne du Czar Nicolas 1er). Traduit du russe. 5 fr.

Henri Joly. *Le Crime.* Étude sociale, in-18, 3 fr. 50.

— *La France criminelle*, in-18, 3 fr. 50.

— *Le Combat contre le Crime*, in-18, 3 fr. 50.

Louis Leger. *La Bulgarie*, in-18, 3 fr. 50.

L'École Normale (1810-1883). Notice historique. — Liste des élèves par promotions. — Travaux littéraires et scientifiques, in-8°, 12 fr.

Littré. *Auguste Comte et la Philosophie positive*, in-8°, 8 fr.

— *Conservation, Révolution et Positivisme*, in-12, 5 fr.

— *De l'Établissement de la Troisième République*, in-8°, 9 fr.

Isidore Loeb. *Le Juif de l'Histoire et le Juif de la Légende*, brochure in-18, 1 fr.

— *Les Juifs de Russie*, in-18, 3 fr. 50.

Hippolyte Maze. *La Lutte contre la Misère*, in-18, 2 fr.

E. Mouton. *Le Devoir de Punir*, in-18, 3 fr. 50.

H. Pigeonneau. *Histoire du Commerce de la France*, honoré d'un prix Gobert par l'Académie française, 2 vol. in-8°, le vol. 7 fr. 50.

Camille Sée. *Lycées et Collèges de Jeunes Filles*, in-8°, 10 fr.

VERSAILLES. — IMPRIMERIE CERF ET FILS, 59, RUE DUPLESSIS.

www.ingramcontent.com/pod-product-compliance
Lightning Source LLC
Chambersburg PA
CBHW060520200026
41520CB00017B/5175